DASEIN im

FREIHEIT

SEIN des

LIEBE

NICHTS

NOTWENDIGKEIT

Eine kosmotheandrische Intuition
oder:
Eine Schau dessen, was ist

Diese Schrift ist eine Einladung an den/die Leser/in sich einzulassen auf den Weg in die Erfahrung der Nichterfahrung, um dort dem Klang und der Schönheit der kosmotheandrischen Intuition gewahr zu werden.
Sie ist geschrieben für alle Menschen, die aufgeschlossen sind für das Leben in Fülle.

ISBN 3 – 8311 – 3315 - 8

Herstellung : Books on Demand GmbH

2

Inhaltsverzeichnis

In der Erfahrung – Liebe in Freiheit

Zusammenschau

AN DEN LESER

Die folgenden Ausführungen sind das Ergebnis eines jahrelangen Ringens um Worte, die in ihrer An- und Zuordnung das Vermögen haben, den Klang und die Schönheit der zu Grunde liegenden kosmotheandrischen Intuition in den Bereich des Sinnlichen zu heben; Worte, die durchlässig sind für die in Worten nicht fassbare kosmotheandrische Intuition.

Die Sprache wurde dabei auf das Notwendigste reduziert, was beim Leser eine hohe Konzentration einfordert. Wiederholungen in den Ausführungen sollen dem Leser helfen, das bereits Ausgesagte zu verwurzeln und zugleich sollen sie in der Verwurzelung den Leser weiterführen, in ein tieferes Erkennen hinein.

Der Leser findet einen Gedankenweg vor, bei dem jeder Schritt das Ganze beinhaltet. Jeder Schritt aber vermag nur auf einen Aspekt der einen unteilbaren und untrennbaren Intuition zu weisen und manches wird sich dem Leser u.U. erst vom Ende her vollkommen erschließen.

Und der Autor weiß: Seine Wahl der Worte spiegelt nur sein momentanes Vermögen wider, dem Leser die kosmotheandrische Intuition zu vermitteln, und das Ringen um Worte – beim Autor, wie auch beim Leser - wird weitergehen, bis alle Worte vollkommen vom Schweigen durchdrungen sind.

Der vor Ihnen liegende Gedankenweg ist eine harte Nuss. Nur in geduldiger Aufmerksamkeit, im Schweigen des Daseins lässt sie sich knacken. Ist sie geknackt, bleibt nur der süße Kern, der ins NICHTS vergeht und danach strebt einen Aufschein und Ausdruck im Leben zu finden.

ZUR FORM UND GESTALT DIESER SCHRIFT

Die Sprache dieser Schrift ist eine reduzierte Sprache. Sie ist eine Einfaltung zum Wesentlichen und dadurch ist sie ein Konzentrat.

Die Form und Gestalt des Schriftsatzes soll helfen, das ins Wesentliche Eingefaltete in den Raum des Lesers, in das Haus seiner Erfahrungen hinein zu entfalten.

Die Leerzeilen sollen dem Leser helfen, das Niedergeschriebene in Achtsamkeit und Ruhe bewusst Schritt für Schritt aufzunehmen, indem der Leser in den Leerzeilen Ruhe und Zeit findet, das Gelesene aufgehen und sich entfalten zu lassen.

Die jeweils unbedruckte Seite soll den Leser ermutigen, seinen eigenen Erfahrungen Raum zu geben und ihnen im geschriebenen Wort einen Ausdruck zu verleihen, indem er sie zu dem jeweils Ausgesagten in Beziehung setzt und an das Ausgesagte anknüpft.

Die Gedichte sind eine Verdichtung des jeweils Gesagten und geben ihm von einer anderen Ebene her einen weiteren Ausdruck.

So will diese Schrift als Mittlerin dienen zwischen der Erfahrungswelt des Lesers und dem Unsagbaren, welches im Klang echter Worte mitschwingt und im Schweigen offenbar wird.

Das Unsagbare, so die Erfahrung dieser Intuition, will auf dem Marktplatz des Lebens gelebt sein, dort, wo das Ungelebte zum Leben strebt und das Verlorene nach einer Anbindung an das Leben schreit.

IN DER ERFAHRUNG

LIEBE IN FREIHEIT

DIE AUSGANGSBEOBACHTUNG

Unsere Wahrnehmung der Wirklichkeit ist die Wahrnehmung unseres Daseins. Sie vermittelt uns die Erfahrung, dass alles, was existiert, sein Dasein aus einer Bezogenheit gewinnt, angefangen vom kleinsten materiellen Teilchen bis hin zum Feld des menschlichen Bewusstseins.

DASEIN UND BEZOGENHEIT

Unsere Wahrnehmung der Wirklichkeit zeigt: Dasein ist immer in Raum und Zeit. Dasein gibt es nur in der gegenseitigen Bezogenheit. Jeder Bezogenheit liegt eine Beziehung zu Grunde. Jede Bezogenheit ist der Aufschein und Ausdruck einer Beziehung. Bezogenheit entsteht in der Begegnung von Ausrichtungen, die aus einer Beziehung in Beziehung sind. Die Begegnung in der Ausrichtung erzeugt Bezogenheit. Die Bezogenheiten in der Wahrnehmung sind das Dasein der Wirklichkeit.

BEZOGEN IN BEZIEHUNGEN

Immer sind wir bezogen
und
gezogen

in Beziehungen enthalten
und
gehalten

die Beziehung gelebt
sind wir bezogen
bezogen auf das
was wir leben

DAS DASEIN IM SEIN

Dasein ist das Gegenwärtigsein des Seins, ist
Da-Sein.

Da-Sein ist Bezogenheit.

Bezogenheiten sind der Aufschein und Ausdruck von Beziehungen.

Beziehung ist das Sein des Da-Seins.

Die Bezogenheiten des Da-Seins, gründen
im Sein, einem Feld von Beziehungen.

<u>DASEIN</u>

Dasein
sein im Hier und Jetzt
mir vor Augen
ein Klang im Ohr
auf der Haut spüren
mit der Nase riechen
Zunge und Gaumen
schmecken das Sein

das Sein
im Da des andern
mir gegenüber
das Dasein des Seins

mein Dasein
im Vernehmen
mir gegenüber
ein anderes

das meine
ein anderes
das andere
mein

das Dasein vernehmen
das deine und meine
mir gegenüber
das deine und meine

das Dasein vernehmen
da sein im Sein
sein in dem anderen
ganz und gar sein

sein im Da
im Ausdruck des Seins
unteilbar eins
das Deine und Meine

DER WANDEL DES DA-SEINS IM SEIN

Da-Sein ist Bezogenheit in Raum und Zeit.

Im Da-Sein, in den Bezogenheiten, findet eine Beziehungsordnung aus dem Feld gegebener Beziehungen ihren Aufschein und Ausdruck. Das Sein kommt zum Da-Sein.

Das Sein erwirkt in seinem Aufschein und Ausdruck, in den Bezogenheiten, - in ihrem Geflecht, - die Form und Gestalt des Da-Seins. Mit der Aufhebung der jeweiligen Bezogenheiten wird die Form und Gestalt des Da-Seins entgrenzt und aufgelöst. Die Aufhebung der Bezogenheiten ist eine Veränderung der Ausrichtungen aus dem Feld gegebener Beziehungen, die Auflösung ihrer jeweiligen Begegnung. In der Veränderung der Ausrichtungen und in deren Folge in der Aufhebung der Bezogenheiten bleibt die

20

Beziehung, der Grund und die Möglichkeit des Da-Seins, bestehen. Das Sein bleibt erhalten. Es verliert in der Aufhebung der Bezogenheiten lediglich sein Gegenwärtigsein im Da-Sein, sein Gegenwärtigsein in Raum und Zeit, in Form und Gestalt.

Veränderungen von Ausrichtungen erwirken neue Begegnungen von Ausrichtungen. Neue Bezogenheiten entstehen. Das Sein kommt in einer neuen Form und Gestalt zum Gegenwärtigsein. Das Sein kommt zu neuem Da-Sein.

LEBENSGESTALTUNG

Bezogenheiten
Begegnung in der Ausrichtung
Begegnung und Resonanz

der Ton erklingt
das Bild gewinnt
    Form und Gestalt
die Wirklichkeit duftet
und schmeckt
gespürt auf der Haut

geflochten – Momente der Begegnung -
Bänder von Ausrichtungen
zu Mustern der Bezogenheit
auf unsichtbarem Grund –
    einem Feld nicht endender Beziehung

DER WANDEL DES DA-SEINS AUS DEM SEIN

So wie der Wandel des Da-Sein durch die Aufhebung einer Bezogenheit im Da-Sein geschieht, so kann der Wandel des Da-Seins auch durch die Entstehung neuer Ausrichtungen aus dem Sein, einem Feld von Beziehungen, geschehen. Dann, wenn die neuen Ausrichtungen in der Lage sind, die bestehenden Ausrichtungen abzulösen.

<u>WEGE</u>

Wege gehen
  Schritt für Schritt
Das Leben leben
  von Augenblick zu Augenblick

Ausgerichtet der Schritt
hin auf das Leben

Schritt und Augenblick
ihre Begegnung

Wegwerdung ins Leben

DA-SEIN - WANDEL IN DEN BEZO-GENHEITEN

Das Da-Sein in der Wahrnehmung ist ein sich wandelndes Geflecht von Bezogenheiten - wirklich und immer gegenwärtig. Da-Sein ist immerwährende Erneuerung, aufscheinende Gegenwärtigkeit, der Wendepunkt zwischen Vergangenem und Zukünftigem.

Vergangenes und Zukünftiges gibt es nur insofern es ein Da-Sein gibt, denn Bezogenheiten schaffen Raum - Form und Gestalt - und nur der Raum schafft Zeit.

Raum und Zeit machen vollkommen identischen Bezogenheiten unmöglich. Jede Bezogenheit ist einmalig und unwiederholbar.

Da-Sein, Bezogenheiten im Wandel, ist immer lebendig und vielfältig.

<u>LEBENDIGKEIT</u>

Gestalt des Lebens
im steten Wandel
ständig sich formend
in der Bewegung
vom Alten zum Neuen
im Raum und der Zeit
in der Kraft des Wirkens
durch die Kraft des Wirkens

In beständigem Wandel
Wirklichkeit werdend
ist das Alte schon Neues
das Neue schon Altes
das Wirken hält sie in eins

Altes und Neues
untrennbar in eins
Wirkkraft des Lebens
bringt zur Entfaltung
den Raum und die Zeit

Das Werden und Gehen
die Blüte des Lebens
ständig vereint

SEIN - BESTÄNDIGKEIT IN DER BE-ZIEHUNG

Jede Bezogenheit des Da-Seins ist der Aufschein und Ausdruck einer Beziehung. Da-Sein – Bezogenheit - ist das Gegenwärtigsein des Seins - der Beziehung. Jede Bezogenheit ist immer auch Beziehung.

Jede Bezogenheit ist ein Von-Etwas-Weg und Zu-Etwas-Hin und jede Beziehung in der Bezogenheit hat ein Von und ein Zu, wobei das Von das Zu beinhaltet und umgekehrt. Diese beiden Momente, die in jeder Ausrichtung sichtbar sind, können gedanklich unterschieden werden, sie sind in der Beziehung selbst aber untrennbar. Ebenso unterscheidbar, aber untrennbar ist das dritte Moment einer jeden Beziehung: die Macht (das Vermögen), durch welche eine Ausrich-

tung möglich wird.

In jeder in den Bezogenheiten zum Aufschein und Ausdruck kommenden Beziehung können diese drei untrennbaren Momente unterschieden werden. Beziehung in der Bezogenheit ist immer *von - zu - durch.*

Die Beziehung im Da-Sein ist Bezogenheit in Raum und Zeit. Die Beziehung für sich ist vor jeder Bezogenheit, vor jedem Raum des Da-Seins und vor jeder Zeit aus dem Raum des Da-Seins, vor jedem Wandel des Da-Seins. Vor dem Da-Sein ist das Sein, ein Feld raum- und zeitloser Beziehung. Das Sein ist.

<u>LEBEN</u>

bezogen sein
Beziehung gelebt
Dasein des Seins

Bezogenheiten
Bewegungen von etwas weg
            zu etwas hin
die Beziehung
von-zu

Bezogenheiten
durch das Vermögen von etwas weg
              zu etwas hin
die Beziehung
von–zu–durch

Das Sein im Dasein
gelebte Beziehung
in den Bezogenheiten

DA-SEIN IM SEIN - DER BESTÄNDIGE WANDEL

Bezogenheiten in der Wahrnehmung sind das Da-Sein der Wirklichkeit. Das Da-Sein gründet im Sein. Die Bezogenheit gründet in der Beziehung. Beziehung ist unser Sein.

Da-Sein ist Bezogenheit in Raum und Zeit, unbeständig im Wandel von etwas weg, zu etwas hin. Da-Sein ist immer lebendig und vielfältig, einmalig und unwiederholbar.

Die den Bezogenheiten des Da-Seins zu Grunde liegende Beziehung, das *Von-Zu-Durch* bleibt im Wandel der Bezogenheiten unberührt. Sie ist im Wandel der Bezogenheiten beständig und unwandelbar.

Das Sein ist ein Feld raum- und zeitloser Beziehung. Wo aber weder Raum noch Zeit ist, da ist das *Von* und das *Zu* der Beziehung

ununterscheidbar. Alles ist mit allem in Beziehung. Alles ist und das „Ist" ist das *Durch*.

Das Sein ist. Und aus dem Sein ist jedes *Von-Zu* in Bezogenheit möglich. Die Verwirklichung der Möglichkeit ist der Übergang vom Sein ins Da-Sein.

So hat die Wirklichkeit in unserer Wahrnehmung zwei „Seiten":
Das beständig Unwandelbare – die Beziehung, das Sein - und das unbeständig Wandelbare –die Bezogenheiten, das Da-Sein.

Unsere Wirklichkeit ist beständiger Wandel.

GESTALT DES LEBENS

gelebtes Leben

Bezogenheiten aus Beziehungen
werden und vergehen
gewünscht und gewählt
verordnet und gezwungen

Bezogenheiten
    gelebte Beziehung
    Ausdruck der Beziehung
    Gestalt der Beziehung

Beziehung
    die Möglichkeit der Bezogenheit
    das Grenzenlose der Bezogenheit
    die Möglichkeit der Wirklichkeit

bezogen sind wir
aus der Beziehung

BEZOGENHEIT SCHAFFT WIRKLICH-KEIT

 Die Bezogenheiten in der Wahrnehmung sind das Da-Sein der Wirklichkeit. Was wir im Da-Sein als Wirklichkeit erfahren, hängt von unserer Bezogenheit ab. Bezogenheit schafft Wirklichkeit.

 Jede Bezogenheit ist einmalig und unwiederholbar. In den Bezogenheiten erfährt jeder seine je eigene Wirklichkeit. Die Wirklichkeit in der Erfahrung ist immer einmalig und *eine* Wirklichkeit des Da-Seins unter vielen.

 Das beständig Unwandelbare, das Sein, gibt uns frei, in den Bezogenheiten dem unbeständig Wandelbaren eine Form und Gestalt zu verleihen, es gibt uns frei, unser Da-Sein zu gestalten, Wirklichkeit werden zu lassen.

WIRKLICHKEIT

Beziehung leben
in der Bezogenheit
wirklich werden
Form und Gestalt
im Raum die Zeit

Bezogen sein
wahrnehmen und erfahren
den Raum und die Zeit

Bezogenheiten
einmalig, unwiederholbar
im Raum und der Zeit

Jede Bezogenheit
in der Erfahrung
Werden von Wirklichkeit
einmalig, einzigartig
in Vielfalt das Leben

WIRKLICHKEIT IM DA-SEIN BEGRENZT

Jede Wirklichkeit des Da-Seins ist eine eingegrenzte und begrenzte Wirklichkeit. Eingegrenzt durch die jeweiligen Bezogenheiten und in den Bezogenheiten begrenzt auf die Ebene des Da-Seins.

Auch die Erfahrung des Da-Sein ist eine eingegrenzte und begrenzte Wirklichkeit, denn jede Erfahrung des Da-Seins ist Bezogenheit im Raum und der Zeit. Sie reicht nicht über die Bezogenheiten, über den Raum und die Zeit des Da-Sein hinaus.

Und dennoch ist jede Bezogenheit auch über das Da-Sein hinaus, denn jede Bezogenheit ist immer auch Beziehung, Da-Sein ist immer auch Sein und dadurch ungetrennt vom Sein. D.h. es muss ein Zugang bestehen vom Da-Sein zum Sein.

<u>ENTGRENZUNG</u>

Bezogenheiten
  Beziehung in Grenzen
Da-Sein
  in Grenzen das Sein

Raum und Zeit
Grenzen des Da-Seins
entgrenzt im Sein

kein Da-Sein im Sein

im raumlosen Raum
keine Begrenzung
Sein ohne Zeit

Sein
  Da-Sein ohn´ Grenzen
Beziehung
  im Da-Sein bezogen

DAS ZUEINANDER VON DA-SEIN UND
SEIN

Bezogenheit ist immer auch Beziehung; die Beziehung aber ist nicht Bezogenheit.

Da-Sein ist immer auch Sein, das Sein aber ist nicht Da-Sein.

Beziehung ist immer in der Bezogenheit; die Bezogenheit aber ist niemals in der Beziehung - Bezogenheit ist aus der Beziehung mit der Beziehung in eins.

Sein ist immer im Da-Sein. Das Da-Sein aber ist niemals im Sein - das Da-Sein ist aus dem Sein mit dem Sein in eins.

Im Folgenden geht es darum, der bestehenden Einsicht radikal – bis in die Tiefe ihres Grundes – weiter zu folgen.

IM VERNEHMEN

57

FREIHEIT IN LIEBE

DAS FREI-SEIN IN DER BEZOGENHEIT

Alles Da-Sein ist Bezogenheit. Jeder Bezogenheit liegt eine Beziehung zu Grunde.

Jede Bezogenheit ist auch Beziehung.

Jede Beziehung ist *von–zu–durch* und zeigt sich in den Bezogenheiten als Bezogen sein von etwas, zu etwas, durch etwas. Dieses Bezogen-Sein ist ein Ausdruck von Freiheit, denn Freiheit ist immer frei sein von etwas, zu etwas, durch etwas.

 Jedes Werden einer Bezogenheit in der Begegnung von Ausrichtungen ist die Verwirklichung eines Frei-Seins. Da-Sein ist Frei-Sein.

 Da-Sein in den Bezogenheiten ist bedingt und in der Bedingtheit bedingtes, relatives Frei-Sein.

Das bedingte, relative Frei-Sein ist unser Da-

Sein, auch wenn es wegen seiner Bedingt-

heit als Gefangensein gedeutet und erlebt

werden kann.

FREI SEIN

bezogen
von etwas, zu etwas, durch etwas
frei sein

frei
von-zu-durch
sein

Da-Sein
bedingt
frei sein

Frei-Sein
bedingt
gefangen sein

DER URSPRUNG UND LETZTE GRUND DES FREI-SEINS IN DER BEZOGENHEIT

Unser Da-Sein ist bedingtes, relatives Frei-Sein.

Der Grund des bedingten, relativen Frei-Seins kann ein anderes bedingtes, relatives Frei-Sein sein.

Der Ursprung aber, der letzte Grund des bedingten, relativen Frei-Seins kann kein anderes bedingtes, relatives Frei-Sein sein, denn alles Bedingte gründet in einem anderen und kann somit niemals letzter Grund und Ursprung sein.

Der Ursprung und letzte Grund des Bedingten kann nur ein Unbedingtes sein, denn ein Unbedingtes hat kein Vorher, es hat den Grund und Ursprung in sich selbst.

Der Ursprung und letzte Grund des beding-

64

ten, relativen Frei-Seins kann demnach nur ein unbedingtes Frei-Sein sein. Ein unbedingtes Frei-Sein ist durch nichts bedingt und daher vollkommen.

Ein unbedingtes, vollkommenes Frei-Sein ist auf der Ebene des Da-Seins, in der raum- und zeitbedingten Verkettung von Bezogenheiten, nicht zu finden, denn Bezogenheiten sind immer bedingt. Ein unbedingtes, vollkommenes Frei-Sein muss „vor" den Bezogenheiten des Da-Seins sein. „Vor" den Bezogenheiten des Da-Seins, vor ihrer raum- und zeitbedingten Verkettung ist das raum- und zeitlose Beziehungsfeld des Seins.

Ein unbedingtes, vollkommenes Frei-Sein weist uns auf die Ebene des Seins.

GRUND UND URSPRUNG

Das Bedingte
bedingt durch ein anderes
gründend in anderem

Der Grund
ein anderes
gründend in anderem – bedingt

Der letzte Grund
ein anderes
gründend in sich selbst - unbedingt

Das Unbedingte
kein anderes
Ursache - grundloser Grund

DAS UNBEDINGTE, VOLLKOMMENE FREI-SEIN

Wir müssen ein unbedingtes, vollkommenes Frei-Sein als Ursprung und letzten Grund unseres Da-Seins annehmen:

Unser Da-Sein ist bedingtes, relatives Frei-Sein. Als Bedingtes kann es seinen Ursprung und letzten Grund nur im Unbedingten haben, in einem unbedingten, vollkommenen Frei-Sein, welches über das Da-Sein hinaus ist.

Wir können auf das Vermögen eines unbedingten, vollkommenen Frei-Seins schließen:

Abgeleitet vom relativen Frei-Sein würde ein vollkommenes Frei-Sein bedeuten, frei zu sein von allem, zu allem, durch sich selbst.

Wir können ein unbedingtes, vollkommenes Frei-Sein nicht denken:

Gedanken sind eine Form und Gestalt des Da-Seins. Sie sind durch das Da-Sein bedingt und als Form und Gestalt des Da-Seins im Da-Sein begrenzt.

Ein unbedingtes, vollkommenes Frei-Sein ist „vor" dem Da-Sein, es weist auf die Ebene des Seins.

Im Da-Sein begrenzt haben die Gedanken keinen Zugang zum Sein. Ihr Bedingtsein hindert den Zugang zum Unbedingten.

Gedanken können ein unbedingtes, vollkommenes Frei-Sein auch nicht aus sich hervorbringen. Ein von Gedanken hervorgebrachtes Unbedingtes, wäre durch die hervorbringenden Gedanken bedingt.

URSPRUNG UND GEDANKEN

der Ursprung
   unbedingt
   bedingt
die Gedanken   die Gedanken
                         im Ursprung
frei   denken
von-zu-durch
sein   undenkbar
                         der Ursprung
die Gedanken   in Gedanken
   begrenzt
   entgrenzt
der Ursprung

DER WEG ZUM UNBEDINGTEN

Das Zueinander von Bedingtem und Unbedingtem

Wenn das Unbedingte der Ursprung und letzte Grund des Bedingten ist, dann ist das Bedingte aus dem Unbedingten geworden.

Wenn das Bedingte aus dem Unbedingten geworden ist, dann ist das Bedingte ein Aufschein und Ausdruck des Unbedingten.

Wenn das Bedingte ein Aufschein und Ausdruck des Unbedingten ist, dann ist das Bedingte auch unbedingt und das Unbedingte kann im Bedingten offenbar werden.

Bewusstsein – Übergang vom Sein zum Da-Sein

Der Mensch weiß um sein Bedingtsein, er hat Bewusstsein. Das Bewusstsein ist der Ort, an dem dem Menschen das Sein zum Da-Sein wird.

Wahrnehmen und Erkennen

Bewusstsein eröffnet sich dem Menschen im Wahrnehmen und Erkennen der Bezogenheiten, dann, wenn im Erkennen die Gedan-

ken das Wahrgenommene denken und das Wahrgenommene dadurch ins Bewusstsein tritt und dem Menschen zur Wirklichkeit seines Da-Seins wird.

Die Gedanken des Menschen denken das Bewusstsein. Sie sind bedingt und verschließen dadurch, dass sie sind, den Zugang zum Unbedingten. Das Unbedingte kann im Bewusstsein nicht offenbar werden.

Das Unbedingte kann dem Menschen dann im Bewusstsein offenbar werden, wenn der Mensch sich dem Unbedingten öffnet, indem er das Bewusstsein von allen Gedanken löst und im Schweigen Gedanken, in der Unmittelbarkeit der Wahrnehmung, das in sich aufnimmt, was an Unbedingtem offenbar wird, um diesem dann einen Ausdruck zu verleihen, auch durch Gedanken.

GEDANKENWEGE

Gedanken
Raum und Zeit
umgrenzt
immer bedingt

Der raumlose Raum
vor Raum und Zeit
unbegrenzt
unbedingt

Reines Bewusstsein

Gedanken
im raumlosen Raum
verdecken
worauf sie verweisen

Im raumlosen Raum
Gedanken
erkennen und lieben
bekennen im Vernehmen

BEGRENZTE   GEDANKEN

Des Menschen Denken
auf den Raum hin bezogen
in der Zeit begrenzt

Des Menschen Wesen und Sein
dem Denken entzogen
entgrenzt

Gedanken
die denken
begrenzen den Raum

Gedanken
die schweigen
entgrenzen den Raum

Im Schweigen
geöffnet ohn´ Grenzen
vollkommen empfangen

Offen
empfangen
im Herzen tragen

Empfangen im Schweigen
getragen im Herzen
gebären ins Leben

Im Herzen getragen
ins Leben geboren
ein Ausdruck des Lebens

Gebären ins Leben
Ausdruck des Lebens
in Wort und in Tat

Ausdruck des Lebens
Wort und Tat leben
vollkommen sein

Lebendes Wort und lebende Tat
vollkommenes Sein
erweckt die Gedanken

In vollkommenem Sein
erweckte Gedanken
bedenken das Leben

Gedanken erweckt
das Leben bedenkend
bewegt sein im Geist

Bedachtes Leben
bewegt sein im Geist
vollkommen geeint

Im Geiste bewegt
vollkommen eins
die begrenzten Gedanken

Eins sein vollkommen
in begrenzten Gedanken
zeitewiges Sein

Gedanken
und Sein
keine Begrenzung

DER ZUGANG ZUM UNBEDINGTEN

Das Offenbarwerden des Unbedingten geschieht nicht in den Gedanken, es geschieht
in der Teilhabe am Unbedingten, am Nicht-
Denkbaren und Nicht-Sagbaren.

Gedanken können das Unbedingte nicht
erfassen. Sie können nur, wenn das Unbedingte im Bewusstsein offenbar wurde, dar-
auf verweisen und anderen Gedanken den
Weg bereiten hin zum Unbedingten.

Gedanken sind dann Mittler und Wegberei-
ter zum Unbedingten, wenn sie im Unbedingten, im Nicht-Denkbaren, Nicht-
Sagbaren klingen und wenn die Gedanken
des Lesers/Hörers mit ihnen in Resonanz
treten und sich in der Resonanz der Gedan-

ken der „raumlose Raum" eröffnet, aus dem
alles ist. In diesem „raumlosen Raum" er-

eignet sich die Erfahrung des Unbedingten,
des Nicht-Denkbaren, Nicht-Sagbaren, hier
ereignet sich die Erfahrung der Nichterfahrung.

KLANG DES LEBENS

Stille
keine Gedanken
im Schweigen
die Fülle

entgrenzter Raum
Zeit im Jetzt
die Fülle unendlich
das Sein

alles ist
in der Erfahrung
die Nichterfahrung
unsagbar

Gedanken werden
im „raumlosen Raum"
im Klang des Schweigens
Mittler des Lebens

geöffnet im Schweigen
den Klang vernehmen
im „raumlosen Raum"
das Leben berühren

Das Folgende ist der Versuch eines Aus-

drucks dessen, was im Schweigen der Ge-

danken im Bewusstsein offenbar wurde.

IN DER ERFAHRUNG DER NICHT-ERFAHRUNG

DIE NOTWENDIGKEIT ZUR FREIHEIT IN LIEBE

DAS SEIN - DER GRUND UNSERES DA-SEINS

Das Sein der Grund unseres Da-Seins, ist unmittelbare, raum- und zeitlose Beziehung. Das Sein ist.

Das „Ist" des Seins ist mit sich selbst identisch. Die vollkommene Identität des „Ist" bedeutet, dass wir keine Trennung mehr annehmen können zwischen erkennendem Sein, erkanntem Sein und dem Erkennen als Tätigkeit des Seins. Das Sein ist.

Das „Ist" kennt weder eine Trennung noch eine Unterscheidung. Wissender, Gewusstes und Wissen sind eins und bilden dadurch eine vollkommene Transparenz. Wo aber eine solche vollkommene Identität und Transparenz im All-Einssein, da hört das Sein auf ein Etwas zu sein. Es hört auf ein

Sein zu sein, es hört auf ein Eins zu sein. Es „verschmilzt" gleichsam zu einem punktlosen „Punkt".

Das „Ist" in der vollkommenen Identität und Transparenz ist Nichts. Im Nichts gibt es kein Zweites und selbst ein Einziges ist nicht, denn ein Einziges wäre ein Etwas und ein Etwas ist immer umgrenzt und hinter der Umgrenzung wäre ein anderes und die Identität und Transparenz im All-Einssein wäre nicht.

Wenn in der vollkommenen Identität und Transparenz des „Ist" das Nichts ..., dann ist kein Einziges und wenn kein Einziges ist, ist keine Umgrenzung.

Wenn das „Ist" Nichts und keine Grenze ..., dann ist die Fülle grenzenlos unendlich.

94

<u>DAS</u> <u>IST</u>

das IST
ist
nicht mehr
nicht weniger

im IST
keine Trennung
keine Unterscheidung
nur Identität
Transparenz vollkommen

Keine Unterscheidung
keine Trennung
kein Zweites
alles in eins

alles in eins
Grenzen entschwinden
ein Punkt
ohne Punkt
im IST

Nichts
grenzenlose Fülle
ist
das IST

DAS NICHTS - DAS „IST" DES SEINS

Das Nichts ist das „Ist" des Seins. Das Nichts ist die grenzenlose Fülle.

Vor dem Anfang Das Nichts ist der punktlose „Punkt" von dem alles, was ist, seinen Ausgang nimmt, das Sein und von ihm aus das Da-Sein.

Aus dem Nichts Im Nichts „liegt" das Vermögen, aus dem das Sein in Beziehung erwächst und aus der Beziehung in der Begegnung von Ausrichtungen die Bezogenheit des Da-Seins.

In das Nichts Ins Nichts „fließt" das Sein und das Da-Sein des Seins zurück, wenn Erkennender, Erkanntes und Erkennen in eins fallen, wenn Wissender, Gewusstes und Wissen in eins fallen, dann wenn in der Erfahrung der Nichterfahrung das Sein nur noch ist.

DAS SEIN UND DAS FREI-SEIN

Das Da-Sein weist auf das Sein. Das Sein ist.

Das "Ist" des Seins nötigt uns ein Nichts zu denken. Das Nichts ist das „Ist" des Seins, vollkommene Identität und Transparenz, grenzenlose Fülle.

Das Da-Sein zeugt von einem bedingten, relativen Frei-Sein, welches auf ein unbedingtes, vollkommenes Frei-Sein weist. Unbedingtes, vollkommenes Frei-Sein kann nur im Nichts liegen, denn nur im Nichts, dem „Ist" des Seins, ist grenzenlose Fülle und nur im „Ist", in der vollkommenen Identität und Transparenz, ist kein anderes und damit keine Bedingtheit.

Das Nichts ist der Ursprung, grundloser Grund, unseres Da-Seins aus dem Sein.

DAS NICHTS UND DAS VOLLKOM-MENE FREI-SEIN

Das Nichts, die Identität und Transparenz vollkommen, ist frei von allem, da es weder Bezogenheit noch Beziehung gibt.

Das Nichts ist auch frei durch sich selbst, da nur das Nichts „ist" und aus dem Nichts das Sein und aus dem Sein das Da-Sein.

Das Nichts die grenzenlose, unendliche Fülle ist frei zu allem, denn in der grenzenlosen Fülle ist alles möglich.

Das „alles" des „Frei-Seins zu allem" beinhaltet aber nicht nur ein Sein in Beziehung und aus der Beziehung ein Da-Sein in der

Bezogenheit erwirken zu können, es muss auch die Möglichkeit gegeben sein, ein Nicht-Sein werden zu lassen, d.h. etwas, das kein Sein hat.

DIE MÖGLICHKEIT EINES NICHT-SEINS

Das im Sein gründende Da-Sein wird, indem sich die Fülle, die das Nichts ist, entfaltet und Beziehung schafft und indem aus der Beziehung Ausrichtungen in ihrer Begegnung Bezogenheiten erzeugen.

In diesem Vorgang scheint kein Raum zu sein für ein Nicht-Sein und dennoch muss das Nichts die Möglichkeit des Nicht-Seins in sich bergen, denn es ist, dadurch dass es Nichts ist, die grenzenlose Fülle – alles ist möglich.

Ein Nicht-Sein kann nicht im Sein entstehen, denn im raum- und zeitlosen Beziehungsfeld des Seins ist kein „Raum", kein Ort, der nicht Sein ist. Jede Beziehung ist aus dem Nichts und jede Beziehung ist ein Sein. D.h. ein „Nicht-Sein" im Sein wäre eine Bezie-

hung aus dem Nichts und dadurch, dass es ist, ein Sein.

Ein Nicht-Sein kann nur aus dem Raum des Da-Seins entstehen, denn im Da-Sein, in den Bezogenheiten, sind das Sein und das Nichts nicht offenbar. Die Bezogenheiten des Da-Seins verhindern dadurch, dass sie sind, den Zugang zum Sein und die Erfahrbarkeit des Seins und des Nichts. Die Verborgenheit des Seins und des Nichts im Da-Sein kann ein Nicht-Sein im Raum des Da-Seins wirklich werden lassen.

Ein Nicht-Sein wird wirklich, wenn aus einer Form und Gestalt des Da-Seins Bezogenheiten möglich werden, die keine Beziehung, keine Verbindung zum Sein haben, Bezogenheiten, die nicht im Beziehungsfeld des Seins gründen, die losgelöst sind vom

Beziehungsfeld des Seins.

Das Nicht-Sein Solche Bezogenheiten würden, da sie aus dem Da-Sein geworden sind, im Da-Sein aus dem Sein bestehen. Sie hätte aber kein Sein, da sie nicht im Beziehungsfeld des Seins gründen würden und keine Beziehung hätten zum Beziehungsfeld des Seins.

Solche Bezogenheit wären in ihrer Existenz ein Nicht-Sein im Da-Sein aus dem Sein.

DAS WERDEN DES NICHT-SEINS

Die Bezogenheiten des Da-Seins sind der Aufschein und Ausdruck von Beziehungen aus dem Beziehungsfeld des Seins, welches im grundlosen Grund des Nichts gründet. Alle Bezogenheiten des Da-Seins wandeln sich im immerwährenden, unendlichen Beziehungsfeld des Seins. Die Bezogenheiten bilden in ihrem Geflecht die Formen und Gestalten des Da-Seins.

Jeder Form und Gestalt des Da-Seins liegt eine bestimmte Ordnung des Beziehungsfeldes des Seins zu Grunde. In den Bezogenheiten, in der Form und Gestalt des Da-Seins, bleibt aber die Ordnung des Beziehungsfeldes des Seins und damit das Sein verborgen.

Eine Loslösung aus dem allem Da-Sein zu

110

Grunde liegenden Beziehungsfeld des Seins
kann geschehen, wenn eine Form und Gestalt des Da-Seins, im Folgenden Daseinsform genannt, sich ihrer Bezogenheiten bewusst wird und wenn sich diese Daseinsform in der Bewusstwerdung ihrer Bezogenheiten als ein in Raum und Zeit eingegrenztes, eigenständiges Ganzes erfährt und dadurch als abgegrenzt erfährt gegenüber anderen Formen und Gestalten des Da-Seins.

Aus der Erfahrung der Eigenständigkeit und des Abgegrenztseins gegenüber anderem und ohne sich des Seins bewusst zu sein, ist es einer sich bewussten Daseinsform möglich, ausgehend von ihren bewussten Bezogenheiten neue Bezogenheiten zu erstellen, die keine Bezogenheit zum Bezie-

hungsfeld des Seins haben. Solche erstellten Bezogenheiten sind dem Sein entzogene Bezogenheiten.

Dem Sein entzogene Bezogenheiten, wenn sie wirklich werden, haben ihren Grund und Ausgangspunkt in einer Form und Gestalt des Da-Seins und sind eine Form und Gestalt des Da-Seins.

Dem Sein entzogene Bezogenheiten haben keine Ausrichtung und keine Bezogenheit zum Sein, sie sind aber durch die Daseinsform, aus der und in der sie sind, in Beziehung zum Sein. Durch die Beziehung zum Sein sind sie ungetrennt vom Sein.

Die Beziehung zum Sein wird dann abgetrennt und aufgehoben, wenn die dem Sein entzogenen Bezogenheiten durch den beständigen Wandel des Da-Seins von den

Bezogenheiten der Daseinsform, aus der und in der sie sind, abgelöst werden.

Mit der Ablösung von der Daseinsform, aus der sie sind, verlieren sie ihre Beziehung zum Sein und sind sie getrennt vom Beziehungsfeld des Seins.

Die vom Sein getrennten, dem Sein entzogenen Bezogenheiten bleiben, da sie aus dem Da-Seins geworden sind, auch nach der Ablösung vom Sein im Da-Sein bestehen. Getrennt vom Sein sind sie ein Nicht-Sein im Da-Sein aus dem Sein.

DIE BEWUSSTWERDUNG IM DA-SEIN

Das Bewusstwerden einer Daseinsform als eingegrenztes, eigenständiges Ganzes kann geschehen, wenn zwei gleichgestaltete Ausdrucksformen des Seins in ihrem Da-Sein notwendig und unabdingbar aufeinander

bezogen sind. So sehr aufeinander bezogen sind, dass sie sich in dieser Bezogenheit aufeinander gegenseitig ergänzend bedürfen, um im Da-Sein existieren zu können.

Die Gleichgestaltung von zwei aufeinander verwiesenen Daseinsformen ist gegeben, wenn sie sich in ihren Bezogenheiten als

Ausdrucksformen des Seins gleichen. Ihre notwendige und unabdingbar Bezogenheit aufeinander muss, wenn sie zu einer Loslösung aus dem Beziehungsfeld des Seins füh-

ren soll, in einem je unterschiedlichen Man-

118

gel an Bezogenheiten innerhalb der jeweiligen Daseinsform gründen. Dieser jeweilige unterschiedliche Mangel an Bezogenheiten wiederum muss in der Bezogenheit zum anderen ergänzt und in dieser Ergänzung aufgehoben werden.

Die Aufhebung des jeweiligen Mangels kann geschehen, wenn sich Ausrichtungen aus den beiden Mängeln begegnen, wodurch dann Bezogenheiten entstehen, die in ihrer Form und Gestalt die beiden unterschiedlichen Mängel jeweils ergänzen.

Findet nun durch ein Geschehen, d.h. durch eine Bezogenheit im Da-Sein, keine Begegnung dieser Ausrichtungen aus den Mängeln statt, wird die Bezogenheit, in der sich die beiden Mängel gegenseitig ergänzen, unterbunden. Der jeweilige Mangel kann

120

nicht ergänzt werden und damit nicht auf-

gehoben werden.

Da die notwendige Bezogenheit zur gegen-

seitigen Ergänzung ausbleibt und der Man-

gel nicht ergänzt wird, kann die Ausrich-

tung aus dem Mangel in den Raum zurück-

fallen, von dem sie ausgegangen ist – sofern

sie diese Möglichkeit beinhaltet.

Im Zurückfallen der Ausrichtung erhält die

Daseinsform eine Ausrichtung auf sich

selbst und kann sich dann in dieser Ausrich-

tung auf sich selbst in dem eigenen Mangel

erfahren, wenn die zurückfallende Ausrich-

tung auf eine sie erwartende Ausrichtung

trifft und sich eine Begegnung dieser beiden

Ausrichtungen ereignet. In der Begegnung

dieser Ausrichtungen tritt ein Rückbezug

auf den eigenen Mangel und damit eine Be-

wusstwerdung in diesem Mangel ins Da-Sein. Es tritt eine Bezogenheit auf sich selbst und damit eine Selbsterfahrung ins Da-Sein.

Ausgehend von dieser Erfahrung der Bezogenheit auf sich selbst, ausgehend von der Erfahrung des je eigenen Mangels, kann sich diese Daseinsform derjenigen Bezogenheiten bewusst werden, die an diese Bezogenheit des Rückbezugs auf den eigenen Mangel anknüpfen. Auf diesem Weg der Anknüpfung kann sich diese Daseinsform dem ganzen Feld ihrer Bezogenheiten bewusst werden.

Im Folgenden wird eine Daseinsform, die sich ihrer Bezogenheiten bewusst ist, „bewusste Daseinsform" genannt.

In der Bewusstwerdung ihrer Bezogenheiten kann sich die „bewusste Daseinsform" als

eingegrenztes, eigenständiges Ganzes abgegrenzt gegenüber anderem, auf welches sie
durch eine Bezogenheit verwiesen ist, erfahren.

Diese Bewusstwerdung, wenn sie sich ereignet, geschieht auf der Ebene des Da-
Seins, obgleich sie in der Ebene des Seins
gründet.

DIE VERWIRKLICHUNG DES NICHT-SEINS

Die Bewusstwerdung einer Ausdrucksform des Seins im Da-Sein bedeutet, dass eine Daseinsform sich ihrer Bezogenheiten des Da-Seins bewusst wird.

Dieses Bewusstsein bleibt, da es aus einer Bezogenheit hervorgegangen ist, auf die Bezogenheiten des Da-Seins, auf Raum und Zeit hin, ausgerichtet und an den Raum und die Zeit des Da-Seins gebunden, es reicht nicht in die raum- und zeitlose Dimension des Seins, es reicht nicht in den Ursprung und letzten Grund des Da-Seins – das Nichts, aus dem es geworden ist.

Die „bewusste Daseinsform" ist sich ihres letzten Grundes nicht bewusst und kann daher einen letzten Grund des Da-Seins be-

128

stimmen, der nicht das Nichts ist. Sie kann einen letzten Grund des Da-Seins in den ihr wahrnehmbaren Bezogenheiten bestimmen oder ausgehend von diesen Bezogenheiten mit Hilfe des Bewusstseins einen letzten Grund erfinden. D.h. es kann eine Bestimmung des letzten Grundes ohne Bezug zum Beziehungsfeld des Seins und ohne Bezug zum Nichts erfolgen.

Durch die Bestimmung eines letzten Grundes, die keinen Bezug zum Beziehungsfeld des Seins hat, ist es der „bewussten Daseinsform" möglich, Bezogenheiten zu erstellen, die keine Ausrichtung auf das Sein haben. Diese Bezogenheiten haben ihren Ausgangspunkt in den Bezogenheiten des raum- und zeitbedingten und -gebundenen Bewusstseins und entstammen nicht einer Be-

gegnung von Ausrichtungen aus dem raum- und zeitlosen Beziehungsfeld des Seins. Sie sind dem Sein entzogene Bezogenheiten.

Diese dem Sein entzogenen Bezogenheiten sind zugleich auch Beziehung.

Beide zusammen, Bezogenheiten und Beziehung, sind aus den Bezogenheiten des Da-Seins eine Form und Gestalt des Da-Seins und haben nur eine Existenz im Raum und der Zeit des Da-Seins. Die Beziehung der dem Sein entzogenen Bezogenheiten ist nicht aus dem Beziehungsfeld des Seins.

Die dem Sein entzogenen Bezogenheiten und ihre Beziehung sind über die Bezogenheiten der „bewusste Daseinsform", aus der und in der sie sind, in Beziehung zum Sein und damit ungetrennt vom Sein.

Wenn es im beständigen Wandel des Da-

Seins zu einer Aufhebung der Bezogenheiten kommt, welche die dem Sein entzogenen
Bezogenheiten mit der „bewussten Daseinsform" verbinden, werden die dem Sein entzogenen Bezogenheiten und ihre Beziehung
vom Da-Sein aus dem Sein abgetrennt. Mit
der Abtrennung vom Da-Sein aus dem Sein,
sind sie auch getrennt vom Sein.

 Getrennt vom Sein bleiben die dem Sein
entzogenen Bezogenheiten und ihre Beziehung, da sie eine Existenz im Raum und in
der Zeit des Da-Seins haben, im Raum und
der Zeit des Da-Seins bestehen. Getrennt
vom Sein sind sie in ihrer Existenz ein
Nicht-Sein. Sie unterliegen aber, da sie ur-
sprünglich eine Form und Gestalt des Da-
Seins sind, weiterhin derselben Gesetzmäßigkeit wie das Da-Sein aus dem Sein.

Im Wandel von Raum und Zeit können auch die Bezogenheiten, die Nicht-Sein sind, aufgehoben werden. Ihre Beziehung aber bleibt, da sie aus dem Da-Sein im Da-Sein ist und keine Beziehung hat zum Beziehungsfeld des Seins, unabhängig einer bestehenden Bezogenheit im Raum und der Zeit des Da-Seins bestehen und bildet im Raum und in der Zeit des Da-Seins ein Beziehungsgeflecht, das in seiner Existenz ein Nicht-Sein ist.

DAS NICHT-SEIN IM DA-SEIN

 Ein Beziehungsgeflecht des Nicht-Seins ist ohne Beziehung zum Beziehungsfeld des Seins und kann nicht ins Beziehungsfeld des Seins eingehen. Es bleibt im Raum und in der Zeit des Da-Seins bestehen.

 Aus einem Beziehungsgeflecht kann neues Nicht-Sein entstehen, dann, wenn das Da-Sein mit ihm in Beziehung kommt und dadurch neue Bezogenheiten im Raum und in der Zeit des Da-Seins entstehen. Diese Bezogenheiten stehen sowohl zum Nicht-Sein wie auch zum Sein in Beziehung. Durch den Wandel des Da-Seins können sie ebenso wie die dem Sein entzogenen Bezogenheiten vom Sein abgelöst und zu einem Nicht-Sein im Raum und in der Zeit des Da-Seins werden. Die Beziehung dieser neuen Bezogen-

heiten geht, wenn diese neuen Bezogenheiten in Raum und Zeit aufgehoben sind, ins
zu Grunde liegende Beziehungsgeflecht des
Nicht-Seins ein.

Auch können in der Begegnung von Ausrichtungen aus einem Beziehungsgeflecht
des Nicht-Seins neue Bezogenheiten entstehen. Diese Bezogenheiten gleichen den Bezogenheiten des Da-Seins aus dem Sein, sie
sind in ihrer Existenz aber ein Nicht-Sein im
Raum und der Zeit des Da-Seins.

Veränderungen von Ausrichtungen aus einem Beziehungsgeflecht des Nicht-Seins
heben bestehende Bezogenheiten auf und
erwirken neue Bezogenheiten. Das Nicht-
Sein erhält eine neue Form und Gestalt im
Raum und der Zeit des Da-Seins aus dem
Sein.

BEILÄUFIGE SCHRITTE

Schritte beiläufig gegangen
Augenblicke aus dem Blick verloren
Achtsamkeit verlernt
und nicht erkannt

Keine Begegnung
kein Erkennen
nur Entgegnung
nur Verkennen

Nehmen
nicht geben
den andern
nicht mich

Besetzen
nicht sitzen
zerstreuen
nicht sammeln

Getöse
nicht Stille
machen
nicht lassen

Kein Erkennen
keine Begegnung
nur Verkennen
nur Entgegnung

Schritte am Leben vorbei
Augenblicke für immer verloren
das Leben verlernt
sich selbst nicht erkannt

DIE BEDEUTUNG DES NICHT-SEINS FÜR DAS FREI-SEIN

In den erstellten Beziehungsgeflechten und den daraus entstandenen Bezogenheiten wurde das vollkommene Frei-Sein Wirklichkeit.

Das Nichts, dem das vollkommene Frei-Sein zugesprochen wurde, ist frei durch sich selbst, da aus dem Nichts das Sein, aus dem Sein das Da-Sein und aus dem Da-Sein das Nicht-Sein entstanden ist.

Das Nichts ist frei zu allem, da es auch das Nicht-Sein ermöglicht hat.

Das Nichts ist zudem nicht nur im ursprünglichen Sinne frei von allem. Durch die Verwirklichung des „Frei-Seins zu allem", durch die Verwirklichung des Nicht-Seins ist das Nichts auch frei von „sich

selbst".

Frei-Sein von sich selbst im anderen

Das Frei-Sein von „sich selbst" besteht, da in der Gestalt des Nicht-Seins etwas entstanden ist, welches gegenüber dem Nichts, dem Sein und dem Da-Sein ein anderes ist. Das Nicht-Sein – Bezogenheiten und Beziehungsgeflechte – ist ein anderes, da es vom Da-Sein des Seins und dadurch vom Sein und vom Nichts, dem Grund des Seins, abgelöst ist.

Das Nicht-Sein ein bedingtes, relatives Frei-Sein

Das Nicht-Sein, wenn es verwirklicht ist, ist aus dem Da-Sein und ist wie das Da-Sein ein Frei-Sein. Auch das Nicht-Sein ist ein bedingtes, relatives Frei-Sein.

Der Grund des relativen, bedingten Frei-Seins

Alles bedingte, relative Frei-Sein, das Da-Sein wie auch das Nicht-Sein, gründet in dem unbedingten, vollkommenen Frei-Sein des Nichts, welches ein anderes impliziert

und bedingt.

In der Verwirklichung der vollkommenen Freiheit erschließt sich die Gesetzmäßigkeit der Freiheit:

Freiheit ist immer auch die Freiheit des anderen, unabhängig davon, ob die Freiheit relativ und bedingt oder vollkommen und unbedingt ist.

So findet das unbedingte, vollkommene Frei-Sein des Nichts seine Erfüllung im Nicht-Sein.

Und jedes bedingte, relative Frei-Sein, auch das Nicht-Sein, findet seine Erfüllung, wenn die Verwirklichung der Freiheit vollkommen sein soll, im unbedingten, vollkommenen Frei-Sein des Nichts.

FREIHEIT VOLLKOMMEN

frei sein von allem
>> zu allem
>> durch sich selbst

frei sein von allem
>> auch von sich selbst

frei sein zu allem
>> auch gegen sich selbst

und alles
>> durch sich selbst

Sein und Nicht-Sein
Freiheit vollkommen
untrennbar eins
das Für und das Wider

DIE AUFHEBUNG DES NICHT-SEINS INS SEIN

Das Nicht-Sein

Das Nicht-Sein hat eine Existenz aber kein Sein. Das Nicht-Sein ist abgelöst vom Sein, wenngleich es aus dem Da-Sein des Seins und damit aus dem Sein und aus dem Nichts geworden ist.

Das Getrenntsein des Nicht-Seins vom Sein

Das Nicht-Sein besteht aus Bezogenheiten und Beziehungen im Raum und in der Zeit des Da-Seins. Die Beziehungen der Bezogenheiten des Nicht-Seins bilden Beziehungsgeflechte im Raum und der Zeit des Da-Seins. Der Raum und die Zeit des Da-Seins sind der Ort des Nicht-Seins. Die Beziehungsgeflechte des Nicht-Seins sind getrennt vom Beziehungsfeld des Seins.

Die Überwindung der Ablösung

Ein Beziehungsgeflecht des Nicht-Seins kann erst dann ins Beziehungsfeld des Seins

eingehen und von dort aus ins Nichts aufgehen, wenn es auf der Ebene des Da-Seins durch eine Bezogenheit eine Anbindung an das Da-Sein aus dem Sein erfährt. Eine Anbindung an das Da-Sein aus dem Sein schafft eine Beziehung zum Beziehungsfeld des Seins. Eine Beziehung zum Beziehungsfeld des Seins ist der einzige Weg, um ins Beziehungsfeld des Seins eingehen zu können und nur über das Beziehungsfeld des Seins ist ein Aufgehen ins Nichts möglich, dann, wenn das Nicht-Sein in der Anbindung an das Sein der Gesetzmäßigkeit der Freiheit folgt.

SEIN IM DASEIN

Sein

mein Sein sein

im Dasein sein

im anderen sein

ganz und gar im Da sein

im Hier und Jetzt sein

ganz und gar sein

über das Hier und Jetzt hinaus

nur Sein sein

nur sein

(und)

. . .

DAS NICHT-SEIN EWIG

Wenn es zu keiner Anbindung des Nicht-Seins an das Beziehungsfeld des Seins kommt und wenn das Nicht-Sein nicht den Gesetzmäßigkeiten der Freiheit folgt, kommt es zu keinem Eingehen ins Sein und zu keinem Aufgehen ins Nichts und das Nicht-Sein bleibt immerwährend auf der Ebene des Da-Seins bestehen.

MANGEL UND VOLLKOMMENHEIT

Sein
vollkommen
im „ist"

Ich
vollkommen
im Ich

„Ich bin"
vollkommen
im Sein

„Ich bin dies und das"
Mangel
im Sein

Der Mangel
das Viele
an Nicht-Sein
im Sein

Das Viele
der Mangel
an Da-Sein
im Sein

Unvollkommen
der Mangel
im Sein

Unvollkommen
das Viele
jenseits des Seins

Vollkommen
das eine
hinter dem Vielen

Vollkommen
das eine
das Sein

DAS SEIN DES NICHTS

In der Anbindung an das Beziehungsfeld
des Seins können die Beziehungsgeflechte
des Nicht-Seins, welche ihren Ausdruck im
anderen fanden, als „andere Beziehungsfelder" in das Beziehungsfeld des Seins eingehen und im Sein in derselben raum- und
zeitlosen Beziehung bestehen. Sie bestehen
dann „nebeneinander" in raum- und zeitloser Beziehung, denn die raum- und zeitlose
Beziehung des Seins ist noch „vor" der Identität und Transparenz des „Ist", welche ins
Nichts führt und welche das Nichts „ist".

In der Identität und Transparenz des „Ist"
gehen die aus den Beziehungsgeflechten des
Nicht-Seins entstandenen „anderen Beziehungsfelder" aber ebenso wie das Beziehungsfeld des Seins ins Nichts auf.

Aufgegangen ins Nichts entfalten sich aus dem Nichts alle aufgegangenen Beziehungsfelder neu als das eine Beziehungsfeld des Seins.

Dieses aus dem Nichts entstandene „neue" Sein findet dann seinen Aufschein und Ausdruck im unbeständigen, sich wandelnden Da-Sein, in der beständigen, unwandelbaren Gesetzmäßigkeit der Freiheit.

NICHTS

Das Nichts ist alles,
alles ist nichts.

Die Leere ist Fülle,
die Fülle ist leer.

Die Leere ist Macht,
die Macht ist leer.

Die Leere ist Form,
die Form ist leer.

Alles ist nichts,
das Nichts ist alles.

ZUSAMMEN-

SCHAU

Das beständig sich Wandelnde, in der Gesetzmäßigkeit der Freiheit, ist unsere Wirklichkeit im Da-Sein und sie verweist uns auf unser Sein, welches im grundlosen Grund, dem Nichts, der absoluten Fülle, gründet.

Unsere Wirklichkeit im Da-Sein ist unbedingt bedingt. Sie ist bedingt durch Raum und Zeit und durch das Sein. Das Sein aber ist und das „Ist" des Seins ist das Nichts – unbedingt und vollkommen frei.

Die Unbedingtheit des Nichts ist vollkommene Freiheit. Die vollkommene Freiheit ist die Bedingung des Nichts. Sie bedingt das Sein und aus dem Sein das Da-Sein und aus dem Da-Sein das Nicht-Sein.

Die Bedingung des Unbedingten ist die Notwendigkeit der Freiheit. Das Band vom Un-

bedingten zum Bedingten, von der Notwendigkeit zur Freiheit ist die Liebe. Die
Liebe zeigt sich in der Notwendigkeit zur
Freiheit. Die verwirklichte Freiheit wendet
die Not. Die Freiheit ist nicht, wenn sie nicht
in und durch die Liebe einen Ausdruck ins
Da-Sein der Wirklichkeit findet. Die Freiheit
ist der Grund unseres Da-Seins, erfahrbar in
jeder Bedingtheit des Da-Seins. Den grundlosen Grund unseres Da-Seins, das Nichts
und aus ihm das Sein, zu erfahren, ist weder
über Gedanken möglich, noch über die
Erfahrung des Da-Seins. Es bleibt nur der
Weg durch die Erfahrung des Da-Seins
hindurch, hin zur Erfahrung der Nichterfahrung, wo es weder einen Erkennenden, noch
ein Erkanntes gibt, wo Erkennender,
Erkanntes und Erkennen in „eins" fallen, wo

alles aufhört zu sein, weil alles nur ist.

Dieser Ort ist weder hier noch dort, wenngleich alles, was ist, von ihm ist, sowohl hier, wie auch dort. Dieser Ort ist *nowhere*: *no-where - now-here*.

Er offenbart die Würde und Wahrheit des Menschen, seine Bestimmung:

Das Sein vernehmen und empfangen, es tragen im Herzen und ins Da-Sein gebären, in Raum und in Zeit, dann wenn die Zeit reif ist.

Das Leben leben, dem Nicht-Sein sich öffnen und vom Sein her befruchten, damit es Anbindung erfährt, den Übergang vom Nicht-Sein ins Sein.

Und das Leben wird sein – alles in allem.

IMMER VOLLKOMMEN

Das Vollkommene
Anfang und Ende
dazwischen
und mehr

Das Vollkommene
ist
weder voll
noch im Kommen

Es ist
was es ist
zu begegnen
im „ist"

Das „ist"
still im Verborgenen
mächtig im Wirken
das vollkommene Sein

Mächtig im Dasein
im Werden des Lebens
in Raum und in Zeit
beständig im Wandel

Alles ist
von Anfang
bis Ende
alles ist immer

Das Ei
und die Raupe
im Kokon
der fliegende Traum

In allem vollkommen
im Werden
und Sterben
in der Begrenzung

Begrenzung ist Raum
Raum in der Zeit
Zeit ist vergänglich
Raum nicht beständig

Wenn Zeiten enden
öffnet der Raum
jede Begrenzung
alles nur ist

Das „ist"
Anfang und Ende
dazwischen
und mehr

<u>WEG</u> <u>UND</u> <u>ZIEL</u>

Der Weg

Minderung des Vielen
Hinwendung zum einen

Loslassen des Vielen
Geschehenlassen des einen

Vom Unvollkommenen lösen
das Vollkommene werden

Das Ziel

werden
was immer schon ist

sein
was ich bin

es ist
was es ist

EIN GEBET ALS DANK AN DAS LEBEN

Durch die Kraft und Wahrheit unseres
Daseins

mögen alle Wesen Glück erfahren

und die Ursachen von Glück;

mögen alle frei sein von Leid

und den Ursachen von Leid;

mögen alle niemals getrennt sein vom
höchsten Glück,

welches frei ist von Leid.

Mögen alle in Gleichmut leben,

ohne allzu viel Anhaften

und allzu viel Abneigung,

und mögen sie leben im Wissen

um die Gleichheit von allem, was lebt.

(Nach einem) Gebet von Sogyal Rimpoche

Über die homepage

www.martin.butter.bei.t-online.de

haben Sie die Möglichkeit, sich bezüglich
der in diesem Buch aufgezeigten kosmotheandrischen Intuition mitzuteilen und mit
dem Autor und anderen Lesern in Beziehung
zu treten.